INORAN
KITCHEN

Introduction
は じ め に

実は料理に対してはけっこうこだわりがある。

オーガニックも好きだし、たっぷりの野菜や、

玄米を使った食事も大好き。

ただ、あまりストイックになりすぎても味気ないから、

ここではみんなに喜んでもらえるレシピを第一に考えました。

コンセプトは「もし自分がレストランを開くなら……」。

誰もが美味しいと思えるのは当然だけど、

自分ならではのこだわりもしっかり織り交ぜた。

そんなINORAN KITCHENのオリジナルレシピたち、

ぜひ参考にしてください。

Contents
目 次

04　Introduction／はじめに
08　Explanatory notes／凡例
18　Menu／おしながき

19　Brunch
20　目覚めのフレンチトースト
22　千年も食べたいスプラウト蕎麦
24　Beautiful サラダ Now
26　大人の玄米ペッパーチーズおにぎり

29　Lunch
30　THE INORAN CURRY
32　肉肉しすぎるダークパスタ
34　いのらんの明太パスタ
36　澄み渡るサラダチキンフォー
38　鰯と海苔と卵のどんぶり
40　あの日出逢えた和定食

43　Appetizer
44　さっくさくピックフライ
46　真紅に染まるカプレーゼ　季節の果物で
47　眩しく輝くカルパッチョ
48　豆腐とチーズとアボカドの邂逅
50　背徳のガリバタ落花生

52　INSIDE INORAN KITCHEN／INORANシェフにQ&A

55　Main dish

56　スイート＆シックなフライドチキン
58　追憶のメキシカンステーキ
60　豚しゃぶと旬野菜のユニゾン
62　ワイン薫るスチームフィッシュ
64　ソリッドポークジンジャー
66　極楽チキングラタン

69　Finishing

70　ツナマヨ「堕落」チャーハン
72　エゴイスティック焼きそば
74　ヴァンパイア・スープパスタ
76　いのらん亭の焼きおにぎり
78　4:00AMのとろけ玄米リゾット

81　Dessert

82　夜更けの大人用プリン
84　テキーラが囁く焼きバナナ
86　罪なきチョコディップ　愛するフルーツとともに

88　Drink

90　イノランズマルガリータ
91　ドン・フリオ1942

92　With gratitude／感謝を込めて

Welcome to INORAN KITCHEN

EXPLANATORY NOTES

凡例

・レシピの分量は基本的に2人分です。作る量が違うときは適宜調整してください。
・大さじ1=15ml、小さじ1=5mlです。
・1カップは200ml、1合は180mlです。
・それぞれの加熱時間は目安です。お好みに合わせて調整してください。

MENU

BRUNCH

French Toast for Eye-opener
Soba for a Thousand Years from Now
Beautiful Salad Now
Brown Rice Onigiri with Pepper and Cheese

LUNCH

THE INORAN CURRY
Too Meaty Dark Pasta
Inoran's Mentaiko Pasta
Clear Salad Chicken Pho
Donburi with Sardine, Seaweed and Egg
Japanese Set Meal of Memories

APPETIZER

Crispy Pick Fries
Crimson Caprese with Seasonal Fruits
Dazzling Carpaccio
Encounter of Tofu, Cheese and Avocado
Immoral Gari-bata Peanuts

MAIN DISH

Sweet & Thick Fried Chicken
Mexican Steak of Remembrance
Unison of Pork Shabu-shabu and Seasonal Vegetables
Steam Fish with Wine
Solid Pork Ginger
Chicken Gratin in Paradise

FINISHING

Tuna-mayo Fried Rice of Depravity
Egoistic Fried Noodles
Vampire Soup Pasta
Inoran's Homemade Grilled Onigiri
Melted Brown Rice Risotto at 4:00AM

DESSERT

Midnight Pudding
Grilled Banana with Tequila
Guilt-free Chocolate Dip with Favorite Fruits

DRINK

INORAN's Margarita
Don Julio 1942

目覚めのフレンチトースト

FRENCH TOAST FOR EYE-OPENER

フルーツはさまざまなベリー系をたっぷり使うと、
いろどりも美しい。
トーストの甘味とベリーの酸味で
シャキッと目覚めることができるはず。

【材料／2人分】

食パン		（4枚切り）2枚
A	牛乳	150ml
	卵	1個
	はちみつ	大さじ2
	バニラビーンズ	1/2本（縦に切り種をとる）
いちご		120g
ラズベリー		60g
ブラックベリー		60g（冷凍ミックスベリーでも）
はちみつ		大さじ2
B	生クリーム	100ml
	はちみつ	小さじ2
バター		20g

【作り方】

1 食パンは4等分にして、まぜたAに15分つけ込む。

2 いちごは4等分に切り、ラズベリーとブラックベリー、はちみつと一緒に耐熱ボウルに入れ、まぜてラップをして電子レンジ(600W)に2分かけて粗熱をとる。

3 Bを混ぜて七分立てくらいに泡立てる。

4 フライパンにバターをとかし、**1**を中火でこんがりと焼く。

5 皿に盛り、**2**と**3**をかける。

千年も食べたい スプラウト蕎麦
SOBA FOR A THOUSAND YEARS FROM NOW

よくサラダと卵焼きをトッピングした蕎麦を作るんだけど、その簡易バージョン。
さっぱりだけどごま油のコクもあってパワーが出るレシピ。
俺は海苔や豆乳マヨネーズ、コーレーグース（沖縄の島唐辛子の泡盛漬け）とかで、
気分に合わせたアレンジもしてるよ。

【材料／2人分】

そば（乾麺）		150g
卵		3個
A	めんつゆ（3倍濃縮）	大さじ1
	水	大さじ1
スプラウト（クレイジーピーを使用。ほかのスプラウトでも）		1パック
B	めんつゆ（3倍濃縮）	100ml
	水	300ml
	ごま油	小さじ4
油		適量

【作り方】

1 そば用にたっぷりの湯を沸かす。

2 ボウルに卵を割りほぐし、Aを加え混ぜて卵液を作る。

3 卵焼き用のフライパンに油を熱し、卵液を入れて卵焼きを作る。粗熱がとれたら食べやすい大きさに切る。

4 スプラウトは根を切り落とす。

5 そばを袋の表示どおりにゆで、水で締める。

6 器にそば、スプラウト、卵焼きをのせて、混ぜたBをかける。

BEAUTIFUL SALAD NOW

サラダには美しさとヘルシーさが重要だから、野菜は色のバランスも考えてる。
豆類をトッピングするとたんぱく質もとれるのでおすすめ。
ヨーグルトをマヨネーズに混ぜれば、罪悪感もちょっと減るよね。

【材料／2人分】

アボカド	1/2個
ミニトマト	6個
パプリカ(黄色)	1/2個
ケール	小2枚
トレビス	2枚
ミックスビーンズ(ドライパック)	50g
A ヨーグルト	大さじ4
マヨネーズ	大さじ2
塩	小さじ1/4
黒こしょう	少々

【作り方】

1 アボカド、ミニトマト、パプリカは8mmの角切りにする。ケールとトレビスは小さくちぎる。

2 ボウルにAを合わせ、1とミックスビーンズをあえる。

大人の玄米ペッパーチーズおにぎり

BROWN RICE ONIGIRI WITH PEPPER AND CHEESE

発芽玄米ならではの歯応えが寝起きに心地よいおにぎり。チーズと黒こしょう、さらにオリーブオイルをまとわせると、まるでリゾットみたいな風味になるんだよね。

【材料／2個分】

発芽玄米	1/2合
米	1/2合
塩	小さじ1/3
クリームチーズ	30g
黒こしょう	適量
オリーブオイル	小さじ2

【作り方】

1 米は洗い、発芽玄米と一緒に水1カップに浸水させて、塩を入れて炊く。

2 1cm程度の角切りにしたクリームチーズ、オリーブオイルを混ぜておにぎりにする。

3 おにぎりに黒こしょうを振る。

THE INORAN CURRY

見た目もぜいたくなシーフードカレー。
海老や貝から出る出汁とスパイスのマリアージュが最高だよ。
ピリ辛なので、苦手な人はチリペッパーの量を調整してね。

【材料／2人分】

えび	4尾
はまぐり	4個
いか（輪切り）	6切れ
玉ねぎ	1個
にんにく	2片
しょうが	1片
A　クミン	大さじ1
コリアンダー	大さじ2
ターメリック	大さじ1
チリペッパー	小さじ1
白ワイン	100ml
トマトペースト	大さじ1
塩	適量
油	適量
もち麦ごはん	2膳
パセリのみじん切り	適量

【作り方】

1 玉ねぎは薄切りにする。にんにく、しょうがはすりおろす。えびは背わたをとり、はまぐりは砂抜きをする。

2 フライパンに油を熱し、玉ねぎがあめ色になるまでしっかり炒める。

3 にんにく、しょうが、Aのスパイスも入れて香りが出るまで炒める。

4 白ワイン、水2カップ、トマトペースト、えび、はまぐりを入れて中火で煮込む。

5 はまぐりの口が開いたら、いかを入れてさっと火を通し、塩で味をととのえる。

6 器に盛ったごはんにかけて、パセリを振る。

【材料／２人分】

パスタ	160g
牛肩ロース肉（ステーキ用）	200g
A 塩	少々
こしょう	少々
ベーコン	20g
にんにく	1片
玉ねぎ	1/2 個
にんじん	1/3 本
セロリ	1/4 本
トマト缶	1/2 缶
赤ワイン	150ml
ローリエ	1枚
はちみつ	小さじ 1/2
塩	小さじ 1
こしょう	少々
オリーブオイル	適量
B 塩	小さじ 4
粉チーズ	適量

【作り方】

1 牛肉の半量は叩いてみじん切りにし、半量は1.5cm程度の角切りにする。ベーコンと野菜はすべてみじん切りにする。

2 フライパンにオリーブオイルとにんにくを入れ、中火で香りが出るまで炒める。

3 ほかの野菜を入れてしんなりするまで炒める。

4 ベーコン、牛肉のみじん切りを入れて炒める。

5 赤ワインを入れてひと煮立ちしたら、トマト缶、ローリエ、はちみつを入れる。水分がなくなってきたら、塩、こしょうを入れる。

6 角切りにした牛肉にAの塩、こしょうをしたら、別のフライパンにオリーブオイルを熱し、こんがりと焼き、**5**と合わせる。

7 鍋に2リットルの湯を沸かし、Bの塩を入れて、パスタの袋の表示より1分短めにパスタをゆでる。

8 ゆで上がったら、**6**と絡めて皿に盛り、チーズを振る。

肉肉しすぎるダークパスタ

TOO MEATY DARK PASTA

パワーが欲しい日のランチにぴったりな、
荒々しいほどに「肉」を感じるパスタ。
チーズにもよく合うパスタだから、
昼から赤ワインが飲みたくなっちゃうかも。
このソースはトーストにのっけても美味しいよ。

INORAN'S MENTAIKO PASTA

レモンをたっぷり入れて酸味を効かせるのがポイント。
今回は平打ちのタリアテッレを使ったけど、お好みのパスタでもOK!

【材料／2人分】

パスタ（タリアテッレを使用。ほかのパスタでも）	160g
辛子明太子	1腹（約60g）
生クリーム	大さじ2
しょうゆ	小さじ1/2
バター	10g
レモン	1個
しそ	4枚
塩	小さじ4

【作り方】

1 明太子は薄皮をとり除く。レモンは横半分に切る。しそはちぎって細かくする。

2 ボウルに明太子、生クリーム、しょうゆを混ぜる。

3 鍋に2リットルの湯を沸かし、塩を入れてパスタの袋の表示より1分短めにパスタをゆでる。ゆで上がったら、**2**に入れる。

4 熱いうちにバター、しそを絡めて、皿に盛り、レモンをしぼる。

CLEAR SALAD CHICKEN PHO

野菜たっぷりのヘルシーな麺料理。
鶏肉のゆで汁だけでとった出汁だから、体にやさしく染みるんだよね。
これ、砂糖がけっこういい仕事してくれてるんだ。

【材料／2人分】

フォー（乾麺）	100g
鶏むね肉	1枚
A 砂糖	小さじ1
塩	小さじ1
長ねぎの青い部分	1本分
しょうがの薄切り	2枚
もやし	100g
赤玉ねぎ	1/4個
パクチー	1株
ミント	適量
ライム	1/4個
フライドオニオン	10g
ナンプラー	大さじ3
砂糖	小さじ1

【作り方】

1 鶏肉にフォークで数カ所の穴をあけてAをもみ込む。

2 鍋に鶏肉がしっかりつかるぐらいの水（1リットル程度）と長ねぎ、しょうがを入れて沸騰させる。

3 鶏肉を入れて再沸騰したらひっくり返し、1分煮てからフタをして火を止め、30分くらい余熱で火を通す。

4 もやしはひげ根をとってさっとゆでる。赤玉ねぎは薄切りにして、パクチーはざく切り、ライムはくし形に切る。

5 3の鶏肉をとり出し薄切りにする。ゆで汁を鍋に3カップ入れてナンプラー、砂糖を入れる。

6 別の鍋でフォーをゆでて水気を切り、器に盛って5のスープをかける。

7 鶏肉、もやし、赤玉ねぎ、パクチー、ミント、ライム、フライドオニオンをのせる。

鰯と海苔と卵のどんぶり

DONBURI WITH SARDINE, SEAWEED AND EGG

鰯の旨み、海苔の香ばしさ、そしてその2つをまとめる卵黄の包容力。
決して語呂だけで選んだ食材じゃないのは、食べてもらえればわかると思うよ。

【材料／2人分】

鰯（開いて骨をとったもの）	4尾
薄力粉	大さじ1
A みりん	大さじ1
砂糖	大さじ1/2
しょうゆ	大さじ1
きざみ海苔	適量
卵黄	2個分
もち麦ごはん	2膳
油	適量

【作り方】

1 鰯は薄力粉をまぶす。フライパンに油を熱し、中火で鰯を焼く。

2 両面こんがりと焼けたら、Aを入れて絡める。

3 どんぶりにごはんを入れて海苔をちらし、卵黄と鰯を盛る。

あの日出逢えた和定食

JAPANESE SET MEAL OF MEMORIES

塩糀につけて、しっとり焼き上げた魚はごはんとの相性も抜群。
みそ汁の具はしじみが圧倒的に好き。お酒飲んだ次の日なんて最高だよね。
栄養たっぷりのモロヘイヤも添えれば、体調もシャキッと整う俺の理想の定食のできあがり。

カジキ塩糀のソテー

【材料／2人分】
カジキ ── 2切れ
ピーマン（緑、赤）── 各1個
塩糀 ── 大さじ2
オリーブオイル ── 大さじ1
すだち ── 1個

【作り方】
1. ピーマンはへたと種をとり、乱切りにする。カジキと一緒に塩糀をまぶし、15分おく。
2. フライパンにオリーブオイルを熱し、1を中火でこんがりと焼く。
3. 皿に盛り、半分に切ったすだちを添える。

しじみのみそ汁

【材料／2人分】
しじみ ── 100g
長ねぎ ── 1/4本
出汁 ── 2カップ
みそ ── 大さじ2

【作り方】
1. しじみは砂抜きをしてこすり洗いする。長ねぎは小口切りにする。
2. 鍋に出汁としじみを入れて中火にかけ、ひと煮立ちさせてしじみの口が開くまで加熱する。
3. 長ねぎを入れて火を止め、みそをとく。再び火にかけて温める。

モロヘイヤのおひたし

【材料／2人分】
モロヘイヤ ── 1束（約40g）
出汁 ── 小さじ2
しょうゆ ── 小さじ2
塩 ── 適量

【作り方】
1. モロヘイヤは葉を摘み、塩ゆでする。水気をしぼり、ざく切りにして、出汁としょうゆを混ぜたボウルに入れて絡める。

雑穀ごはん

【材料／2人分】
米 ── 1合
雑穀米 ── 15g

【作り方】
1. 洗った米に雑穀米を混ぜて水1カップを入れ、30分ほど浸水させる。
2. 炊飯器で炊く。

Appetizer
前菜
いつでも食べたい我儘（わがまま）が叶う一品たち

さっくさくピックフライ
CRISPY PICK FRIES

ギターのピックに見立てたおつまみは、ちょっとスパイシーでビールにぴったり。
絡めるスパイスを変えるだけで、簡単に味変できるのも手作りのいいところだよね。

【材料／2人分】

シュウマイの皮		30枚
A	コンソメ（顆粒）	小さじ1/2
	カレー粉	小さじ1/2
B	レッドペッパー	小さじ1/4
	黒こしょう	小さじ1/2
	塩	小さじ1/2
揚げ油		適量

【作り方】

1. シュウマイの皮は三角形になるように4等分に切り、190度の油で素揚げにする。
2. きつね色になったらとり出し、油を切る。
3. 半量ずつA、Bに絡める。

真紅に染まるカプレーゼ
季節の果物で

CRIMSON CAPRESE
WITH SEASONAL FRUITS

今回はキウイを使ったけど、その代わりに冬ならいちご、夏なら桃とか、季節に合わせたフルーツを使いたい。自由に作っても美味しいのが、このカプレーゼのいいところだから。

【材料／2人分】

フルーツトマト	3個
モッツァレラ（フレッシュ）	1個
ゴールドキウイ	2個
いちご	100g
A　白ワインビネガー	大さじ1/2
塩	小さじ1/2
黒こしょう	少々
オリーブオイル	大さじ1
ディル	適量

【作り方】

1 フルーツトマト、モッツァレラ、キウイは8mm程度の厚さで輪切りにして、交互に皿に並べる。

2 いちごをフォークなどでつぶし、Aとまぜてドレッシングを作り1にかける。

3 ディルをちらす。

【材料／2人分】

鯛（刺身用） —— 150g ※ほかの白身魚でも
ベビーリーフ —— 20g
ザクロ —— 少々
A レモン汁 —— 小さじ2
　塩 —— 小さじ1/4
　しょうゆ —— 小さじ1/2
　オリーブオイル —— 大さじ2
ディル —— 適量

【作り方】

1. 鯛はなるべく薄く切る。
2. 皿にベビーリーフをしき、鯛を並べる。
3. 混ぜたAをかけてザクロをちらす。

眩(まぶ)しく輝くカルパッチョ

DAZZLING CARPACCIO

カルパッチョは簡単に作れるからこそ
食材にこだわりたい。
美容にもいいザクロを使えば、
見た目の華やかさもプラスできるね。

豆腐とチーズとアボカドの邂逅(かいこう)

ENCOUNTER OF TOFU, CHEESE AND AVOCADO

邂逅っていうのは「めぐり逢い」のこと。
チーズとアボカドを、豆腐で白和えっぽく仕上げた意外性がいいでしょ。
はちみつとナッツもすごくいい仕事してくれてるんだ。

【材料／2人分】

アボカド	1個
木綿豆腐	1/4丁
白だし	小さじ1
粉チーズ	大さじ1
ミックスナッツ	20g
はちみつ	大さじ1

【作り方】

1 豆腐は軽く水気を切る。

2 豆腐、白だし、粉チーズをフードプロセッサーでまぜてペースト状にする。

3 アボカドを半分に切って種をとり、**2**をのせる。

4 刻んだミックスナッツをちらし、はちみつをかける。

背徳のガリバタ落花生

IMMORAL GARI-BATA PEANUTS

これはいわゆる「たこのアヒージョ」なんだけど、
後ろめたくなるほどたっぷりと、
にんにく&バターを入れて背徳感を楽しんでほしいな。

【材料／2人分】

たこ	足2本（約180g）
にんにく	1片
ピーナッツ	30g
バター（加塩）	30g
オリーブオイル	50ml
パセリのみじん切り	適量

【作り方】

1 たこは食べやすい大きさに切る。にんにくはみじん切りにする。

2 オリーブオイルとにんにく、ピーナッツをスキレットに入れて中火にかけ、にんにくに火が通ったらたこを入れ、全体に火を通す。

3 バター、パセリを入れて軽く混ぜる。

INSIDE INOR

INORANシェフに Q&A

▼

Q　普段よく食べているものはなんですか？

A　まず必ず食べるのはサラダだね。野菜は必ずとるようにしてる。好きなんだよね。
葉物の野菜以外では、特にアボカドやブロッコリーが多い。よく食べてるよ。
家では豆腐のレシピも定番。祖父が豆腐屋だったんだ。幼い頃からの習慣みたいなものかな。
生姜、キムチ、大葉、みょうが、山形の"だし"とか…
とにかく、いろいろとトッピング用にスタンバイしてるんだ。

Q　料理するときに欠かせないものは？

A　オリーブオイルは絶対に必要。本当にいろいろな料理…とにかく、何にでも合う。
サラダもシンプルに、オリーブオイルに塩こしょうかけるだけってことが多いかな。
銘柄とかブランドは、長年いろんなのを試してるけど、今も最高に合う一品を、探してる旅の途中だよ。
世界には個性的な味のものがたくさんあるし、オリーブオイルは知れば知るほど、沼だね（笑）。

Q　ツアーなどで地方に行ったときによく食べるものはありますか？

A　全国どこに行っても蕎麦だけは必ず食べてるね。もはやルーティン。
いつからだろう、とにかく好きなんだ。蕎麦屋さんをやりたいなんて、本気で思った時もあるよ。
料理人を面談したりもして。もう少しで実現してたかもね。

Q　ほかにツアー中の思い出の食事があったら教えてください。

A　その土地ならではの料理や食材は、必ず食べるようにしてる。
その土地のものを頂くことは、気がいいと思うしね。
ツアーではスタッフのみんなと、そういう食事を共にするのも、楽しくて美味しさも倍増するんだ。
札幌ではジンギスカンを思い切り食べて〆でラーメンまで行ったり（笑）。
あと最近高知に行ったときに食べた玉子焼きめし！ 材料はシンプルに卵と米のみだったんだけど、
あれも美味しかったなぁ。とにかく思うのは全国には、まだまだ美味しいものがたくさんあるって事。

AN KITCHEN

Q ラーメンはどんなタイプのものが好きですか？

A もちろん天下一品のこってりだね（笑）。それ以外でいうと、
札幌で食べたのは地元の方に教えてもらった塩ラーメンだったけど、九州に行ったら豚骨が食べたくなるし、
醤油も味噌もなんでも好きだよ。少し前に、あの有名な湯河原の飯田商店に行く機会があったんだ。
本当にすごかった。概念を超えてきた。使ってるものすべてに素材の良さを感じたし、
それをまとめ上げるシェフのスキルと情熱。もはやラーメンっていう枠を超えた「作品」だよ。

Q コンビニでごはんを買ったりしますか？

A もちろん！ しょっちゅう買ってるよ。
よくみんなにコンビニに行くの!?って聞かれるんだけど、行かないなんてわけないだろ（笑）。
便利だし、バラエティもクオリティもあるしさ！

Q 玄米を使ったレシピが多いですが、理由はありますか？

A 20年くらい前からかな、白米よりも玄米を食べることが多くなったんだ。
そんなにストイックに「玄米しか食べない」ってわけじゃないけど、
俺自身、玄米食べてると体が軽くなった感じが今もするし、何でもそうだろ!?
「なんかいいことしてるな」っていう気分。そういう思い込むことは、いつでも大事だと思ってる。

Q 食事に合わせるお酒は何が好きですか？

A 俺はテキーラ・マエストロっていう資格も持ってるから、
その時学んだもの…テキーラの魅力は味だけじゃなく、本当にすべてなんだ。
とにかく大好きだよ。もちろんワインやウイスキー、焼酎も、ね。食事にペアリングするのが好きだし最高だね。

Q テキーラにハマったきっかけは？

A ある雑誌でテキーラの特集に出させてもらって、そこからテキーラを本当に愛している人たち中心に、
人の輪が広がっていったんだ。とにかくみんな魅力的で、どんどんのめり込んでいったね。
テキーラ・マエストロを取ろうと思ったのもそれがきっかけ。
今でもツアーで行った場所とかで、テキーラのネットワークでお店を紹介してもらったりしてる。
テキーラのおかげで今でも、素敵な出会いがどんどん広がっているよ。

スイート&シックなフライドチキン

SWEET & THICK FRIED CHICKEN

ここでいう「シック」はChic（上品な）という意味ではなく
Thick（濃い）のほう。
かたや甘みのあるヤンニョムだれが五感に訴え、
かたや黒こしょうの刺激で目が醒める。
お酒にも合うシックなフライドチキンをご堪能あれ。

【材料／2人分】

骨付き鶏肉		500g
A	卵	1個
	牛乳	大さじ4
	おろししょうが	小さじ1
	おろしにんにく	小さじ1
	コンソメ（顆粒）	小さじ1
	薄力粉	大さじ4
薄力粉		適量
揚げ油		適量
B	あらびき黒こしょう	小さじ2
	塩	小さじ1/2
C	コチュジャン	大さじ2
	はちみつ	大さじ1
	おろしにんにく	1/2片分
	しょうゆ	大さじ1
	トマトケチャップ	大さじ1

【作り方】

1. 鶏肉は大きい場合は切る。厚手のポリ袋にAを入れて混ぜ、鶏肉を15分ほどつけ込む。
2. B、Cはそれぞれ混ぜる。
3. 1に薄力粉をまぶして、170度の油できつね色になるまで7〜8分ほど揚げる。
4. 半量ずつB、Cを絡める。

MEXICAN STEAK OF REMEMBRANCE

メキシコの夕景を思い起こさせる色とりどりのサルサソース。
トルティーヤで挟んでも絶対に相性がいい、俺ならではのステーキだよ。

【材料／2人分】

牛肉（ステーキ用）	2枚
A 塩	小さじ1/2
こしょう	少々
トマト	1個
ピーマン	1個
玉ねぎ	1/4個
B おろしにんにく	小さじ1/4
塩	小さじ1/2
ライムのしぼり汁	1/2個分
タバスコ	小さじ1/4
オリーブオイル	大さじ1

【作り方】

1 牛肉は冷蔵庫から出して20分ほど室温におく。

2 野菜は5mmくらいの角切りにして、Bと混ぜる。

3 牛肉にAをまぶす。フライパンにオリーブオイルを熱し、牛肉を中火で両面焼く。

4 焼き上がったら、アルミホイルをかぶせて3〜5分落ち着かせる。

5 食べやすい大きさに切り、**2**をかける。

豚しゃぶと旬野菜のユニゾン

UNISON OF PORK SHABU-SHABU
AND SEASONAL VEGETABLES

ごまだれでしゃぶしゃぶ風に味わう蒸し豚はもはや定番。
だからこそ野菜はレシピにこだわらず、
季節に合ったものを選んでほしいかな。

【材料／2人分】

豚肉（しゃぶしゃぶ用）	150g
キャベツ	1/4個
にんじん	1/3本
しめじ	1/2パック
酒	大さじ4
ごま油	大さじ1
A ねり白ごま	大さじ2と1/2
しょうゆ	大さじ1
砂糖	小さじ1
出汁	大さじ2

【作り方】

1 キャベツ、にんじんはせん切りにする。しめじは石づきをとってほぐす。

2 フライパンにごま油を熱し、キャベツ、にんじん、しめじを入れる。

3 豚肉を野菜の上に広げ、酒を上からかけてフタをし、中火で5分蒸し焼きにする。

4 混ぜたAをかける。好みでラー油を混ぜても。

STEAM FISH WITH WINE

旬の白身魚を1尾丸ごと蒸しあげるのがポイント。
魚介からの出汁とワインがミックスした上品な薫りがたまらないよ。

【材料／2人分】

甘鯛 ────── 1尾　※ほかの白身魚でも
ムール貝 ────────── 4個
トマト ─────────── 小1個
にんにく ────────── 1片
ローズマリー ───────── 1本
白ワイン ────────── 1カップ
オリーブオイル ─────── 大さじ2
塩 ──────────── 小さじ1

【作り方】

1 甘鯛はうろこと内臓、エラをとり除く。ムール貝はヒモをとる。

2 トマトは1cm程度の角切り、にんにくはみじん切りにする。

3 フライパンにオリーブオイルとにんにくを入れて中火で熱し、甘鯛の両面を焼く。

4 ムール貝、白ワイン、ローズマリーを加え、煮立ったらフタをして中火で15分加熱する。

5 塩で味を整えて、トマトをちらす。

SOLID PORK GINGER

あえて骨付き肉で作った、角煮風の生姜焼き。
ジューシーなスペアリブとたっぷりの生姜って、やっぱり最高の相性なんだよね。

【材料／2人分】

- 豚スペアリブ ──── 8本(約600g)
- しょうが ──── 2片
- はちみつ ──── 大さじ3
- しょうゆ ──── 大さじ3
- 焼酎 ──── 1/2カップ
- 半熟卵 ──── 2個
- 油 ──── 大さじ1

【作り方】

1 豚肉は骨の薄皮に切り込みを1本入れる。
   しょうがは粗いみじん切りにする。

2 鍋に油を熱し、豚肉の表面をこんがりと焼く。
   油は適宜キッチンペーパーなどでふく。

3 焼酎を入れてひと煮立ちさせる。

4 水2カップ、はちみつ、しょうゆ、しょうがを
   入れて落としブタをし、30分煮る。

5 火を止めたら卵を入れる。

【材料／2人分】

食パン	1斤
鶏もも肉	1/2 枚
玉ねぎ	1/2 個
ブロッコリー	1/4 個
パプリカ	1/2 個
薄力粉	大さじ 4
バター	30g
牛乳	2 カップ
塩	小さじ 1/2
こしょう	少々
シュレッドチーズ	20g

【作り方】

1 玉ねぎは薄切りにする。鶏肉、ブロッコリー、パプリカは小さめの一口大に切る。

2 フライパンにバターをとかし、鶏肉を炒め、玉ねぎも加えて玉ねぎが透き通るまで炒める。

3 薄力粉をふるいに入れて、全体にまぶす。

4 粉っぽさがなくなったら牛乳を少しずつ入れ、ダマにならないように混ぜる。

5 ブロッコリー、パプリカを入れて火を通し、塩、こしょうで味をととのえて、とろみがつくまで煮詰める。

6 食パンはフチから1.5cmくらい残して切り込みを入れ、底を2cmほど残すようにして中をくりぬく。

7 くりぬいた食パンの中に**5**を入れ、チーズをのせて、220度のオーブンで10分焼く。

極楽チキングラタン

CHICKEN GRATIN IN PARADISE

食パンの中にとろっとろのグラタン。
中身だけ食べても、
パンと一緒に口に放り込んでも、
すごく幸せを感じられることは間違いないよ。

ツナマヨ「堕落」チャーハン

TUNA-MAYO FRIED RICE OF DEPRAVITY

揚げ玉をたっぷり入れるのがポイントの、やんちゃすぎるチャーハン。
仕上げにマヨネーズをかけるという罪深さも、たまにはいいよね。

【材料／2人分】

ごはん	2膳
ツナ缶（水煮）	1缶（70g）
卵	2個
揚げ玉	大さじ4
青ねぎ	3本
塩	小さじ1/2
こしょう	少々
油	大さじ1
マヨネーズ	適量

【作り方】

1 ツナは汁気を切る。卵はときほぐす。青ねぎは小口切りにする。

2 フライパンに油を入れて強火で熱し、卵を一気に入れる。

3 卵が半熟ぐらいになったら、ごはんを入れて全体をほぐしながら炒める。

4 ツナ、揚げ玉、青ねぎ、塩、こしょうを加えてさらに炒める。

5 器に盛り、マヨネーズを好きなだけかける。

エゴイスティック焼きそば

EGOISTIC FRIED NOODLES

にら&にんにくのWパワー、さらに赤唐と青唐のWパワー。
欲望に忠実になりたいときの、パワーがみなぎってくるメニューだね。

【材料／2人分】

焼きそば麺	2玉
豚こまぎれ肉	160g
にら	1/2袋
にんにく	1片
青唐辛子	1本
赤唐辛子	1本
中濃ソース	大さじ1
ウスターソース	大さじ2
油	大さじ2

【作り方】

1. にらは3cmくらいの長さに切る。にんにくは粗いみじん切りにする。青、赤唐辛子は小口切りにする。
2. フライパンに油を熱し、麺を入れて両面こんがりと焼いてからほぐす。
3. 麺をとり出し、にんにく、唐辛子を炒め、豚肉を加えて炒める。
4. 麺をフライパンに戻し、にらを加えて炒める。
5. 2種のソースを入れてしっかり絡める。

VAMPIRE SOUP PASTA

トマトの旨みを十二分に生かした真っ赤なスープパスタ。
ザクザクッとしたきくらげと舞茸が極上のアクセント。
クリスピーな食感がクセになりそうな一皿だよ。

【材料／2人分】

パスタ	160g
にんにく	1片
赤唐辛子	1本
きくらげ	4枚
舞茸	1パック
トマト缶（ダイスカット）	1缶（400g）
コンソメ（顆粒）	小さじ1
塩	小さじ1/2
こしょう	少々
オリーブオイル	大さじ3

【作り方】

1 にんにくはみじん切りにする。きくらげはざく切り、舞茸は小さくほぐす。

2 鍋に2リットルの湯を沸かし、塩小さじ4（分量外）を入れる。パスタを袋の表示より1分短めにゆでる。

3 フライパンににんにく、赤唐辛子、オリーブオイル大さじ2を入れて、にんにくがきつね色になるまで中火で炒めたら、きくらげ、舞茸を加えて炒める。

4 トマト缶、水2カップ、コンソメを入れてひと煮立ちしたら、2のパスタを入れ、塩、こしょうで味をととのえる。

5 器に盛り、オリーブオイル大さじ1を回しかける。

いのらん亭の焼きおにぎり

INORAN'S HOMEMADE GRILLED ONIGIRI

俺の焼きおにぎりの特長は、
ごまの風味としょうゆの香ばしさ。
じゃこと大葉はケチらず
たっぷり使ったほうが絶対に美味しいよ。

【材料／2人分】

ごはん ── 2膳分
ちりめんじゃこ ── 30g
白ごま ── 大さじ1
しょうゆ ── 適量
大葉 ── 10枚

【作り方】

1 ボウルにごはん、じゃこ、白ごまを入れて混ぜる。

2 まぜたごはんを6等分にして平らな円形になるように握る。

3 フライパンに**2**を入れて表面がカリカリになるまで焼く。

4 カリカリになったらしょうゆを塗って、両面がこんがりするまで焼く。

5 せん切りにした大葉をのせる。

4:00AMのとろけ玄米リゾット

MELTED BROWN
RICE RISOTTO
AT 4:00AM

じゃがいものとろみが、
この上なくやさしい。
朝方まで飲んだあとでも、
するする胃に入っていくリゾット。
卵黄をゆっくりくずしながらどうぞ。

【材料／2人分】

玄米ごはん ───── 1膳半
じゃがいも ───── 1個
鶏ガラスープの素 ── 小さじ2
パルメザンチーズ ──── 適量
卵黄 ───── 2個分

【作り方】

1 じゃがいもは皮をむいて薄切りにする。

2 水2カップ、じゃがいも、鶏ガラスープの素を鍋に入れ、中火にかけてじゃがいもが柔らかくなるまで煮る（沸騰してから5分程度）。

3 じゃがいもをくずしながら煮て、とろみがついたら玄米ごはんを加えて軽く煮る。

4 器に盛り、パルメザンチーズを削る。

5 中央に卵黄をのせる。

夜更けの大人用プリン
MIDNIGHT PUDDING

シナモンでアクセントをつけた、夜中に食べたくなるプリン。
かためのテクスチャーがダークチェリーとも好相性だね。

【材料／プリンカップ3個分】

牛乳	1カップ
生クリーム	1/4カップ
卵	1個
卵黄	1個分
きび糖	40g
シナモンスティック	1本

〈カラメルソース〉

グラニュー糖	40g
水	大さじ1

〈飾り用〉

生クリーム	100ml
はちみつ	大さじ1
ダークチェリー	3個

【作り方】

1 オーブンは150度に予熱しておく。湯せん用の湯を沸かす。

2 カラメルソースを作る。小鍋にグラニュー糖、水小さじ2を入れて中火にかけ、全体が濃い茶色になったら火を止め、水小さじ1を入れて鍋を振って混ぜる。耐熱のプリンカップに入れて冷ます。

3 鍋に牛乳、生クリーム、シナモンを入れ弱火にかける。フツフツしてきたら火を止める。

4 ボウルに卵、卵黄、きび糖を入れ、よく混ぜる。さらに3を加えて混ぜる。

5 ざるでこして2に入れる。表面に泡があればとり除く。

6 天板にプリンカップを並べて熱湯を注ぎ、150度のオーブンで20〜25分蒸し焼きにする。

7 粗熱がとれたら、冷蔵室でしっかり冷やす。

8 型から外して器に盛り、生クリーム、はちみつ、チェリーなどで飾りつける。

テキーラが焼き囁くバナナ

GRILLED BANANA WITH TEQUILA

最後にフランベした瞬間、テキーラの香りがたまらない。
これはまさしく深夜のたしなみといえるスイーツかな。

【材料／2人分】

バナナ	2本
グラニュー糖	大さじ1
バター	10g
テキーラ	大さじ2

【作り方】

1 バナナを縦半分に切る。

2 フライパンにバターを熱し、バナナ、グラニュー糖を入れて両面をじっくり焼く。

3 テキーラを入れてフランベする。

罪なきチョコディップ 愛するフルーツとともに

GUILT-FREE CHOCOLATE DIP WITH FAVORITE FRUITS

ビターなチョコレートが、どんなフルーツでもしっかり受け止めてくれる。
甘さ控えめだからといっても、食べ過ぎには注意だよ。

【材料／2人分】

チョコレート（ビタータイプ）	4枚（200g）
生クリーム	1/2 カップ
ブラックベリー	6個
ブルーベリー	8個
マンゴー	1/2個
キウイ	1個

【作り方】

1 チョコレートは細かく刻む。フルーツは食べやすい大きさに切る。

2 生クリームを沸騰する直前まで温め、ボウルに移したらチョコを混ぜてとかす。熱いうちに器に入れる。

3 フルーツを添える。

イノランズマルガリータ

INORAN'S MARGARITA

定番として楽しまれているトミーズマルガリータを、ライムを少し多めにアレンジしたのが俺のレシピ。長い夜にゆっくり楽しみたい1杯だね。

【材料／1杯分】

- テキーラ（ドン・フリオ1942） ——— 50ml
- ライムのしぼり汁 ——— 20ml
- アガベシロップ ——— 15ml

【作り方】

1. ロックグラスを冷凍室に入れて冷やしておく。
2. カクテルシェーカーにテキーラ、ライム、アガベシロップを入れる。
3. 冷凍室からグラスをとり出して氷を入れる。
4. シェーカーに氷をたっぷり入れてよくシェイクする（14-16回くらい）。カクテルシェーカーがない場合、プロテインシェーカーなどを使っても。
5. グラスにゆっくり注ぐ。

ドン・フリオ1942
Don Julio 1942

最上級ブルーアガベの甘い香りが格別なプレミアムテキーラ。ライブの前に勢いをつけたい時、ライブの後で余韻に浸りたい時、熟成した香りをストレートでゆっくり楽しむのは格別の時間だね。

With gratitude
感 謝 を 込 め て

俺にとって初めてのレシピブック。初めて着る本格的な衣装もあったり、たくさんの料理を、よりスタイリッシュに撮影をしたり、すべてが新鮮で充実した試みだったけど、いかがでしたでしょうか？
シェフとソムリエの姿も自分的には「意外に似合ってるじゃん」って感じだけど（笑）、フライパンや包丁の持ち方などは、普段のスタイルから更にブラッシュアップしつつ、なるべくディテールまでこだわらせてもらいました。そういう部分でも今回は、しっかりプロの方々に敬意を持って臨まないといけないと思ったからね。

料理が好きになってから、自分でもいろんな料理本やレシピを見てきて、基本を知ること、そしてそれをオリジナリティあふれる魅力に変えるアイデア、料理を捉えた写真が伝える食への魔法…たくさんの刺激をもらってきたんだよね。
料理っていうのはひとつの作品だと思うし、だからこそ、特にこの本では写真にもこだわりたかった。そういう点でもいい作品ができたんじゃないかな。

料理を始めたのは必要に迫られたから

なんで料理するのが好きになったのか。振り返るといくつか理由がある。
実は親父が調理師免許を持っていて、その血を継いでるのかなってことも思うし。
あとは生まれつき何事にも凝り性なんだよね。だからやっていくうちにどんどんのめり込んでいったって感じかな。

まぁそもそもは、ちょっと切ない話になるんだけど……、中学生の時に母親がいなくなっちゃったんだよね。
でも、5歳下と8歳下に小さい弟が2人いたから、長男として俺が料理を作らないといけなくなった。親父も家族のために頑張って働いてくれてるから、弟の面倒くらいは俺が見ないとなって。

それまでは料理なんてまったくしたことなかったからね。最初は料理なんて呼べないようなしろものだったな。でも、必要に迫られてたし、いろいろ作ってるうちに、カレーとか基本のものはサッと作れるようになった。
当時は男気だけで、「弟たちを守んなきゃいけねえ」ってことだけが動機だったし、簡単に作れて、ボリュームがあるっていうのが大事だったから。誰かのために作る。今思えばこの頃にその基本精神が芽生えたのかも。

まぁそういうのが、料理との出会いだったわけです。

その後実家を出てからも、ずっと料理は身近にあってね。
年を重ねて人生を歩んでいくと、いろんなものに出会うよね。
料理もそれと同じで、いろんなレストラン、たくさんのごはん屋さんに行って、新しいものを食べて、味やアイデアに衝撃を受けたり、新しい食の経験が増えていったりして、それに伴ってどんどんレシピの幅が広がっていく。

それが料理というもので、だんだん楽しくなるよね。

今は健康を考えた料理を追求してるっていう側面もある。
ミュージシャンという仕事のプロとして健康管理っていうのは絶対やらなきゃいけないことだし、年を重ねても維持したいものもある。
健康や美容、いろいろな方法があると思うけど、やっぱり口から入るもの、つまり食が一番大事だと思うし、基本なんじゃないかな。

だから俺は、食事の時には野菜を絶対に欠かさないし、ごはんはなるべく玄米にしたり、水にもこだわってるところがある。
実際、食べるものに気を遣ってから体の調子がよくなってるっていう実感もあるからね。

音楽と料理には共通点がある

作っているときに"届けたい誰か"のことを頭に浮かべていたり、完成したものでみんなをもてなしたいとか、そういう点では音楽と料理って共通しているんだよね。
たとえばホームパーティーを開く時、その準備をする時に、振ってあげたい人の顔を思い浮かべながら、どんなものが好みだったっけ？とか、これ一緒に食べたら楽しそうだよねとか、こんな食材使ってびっくりさせちゃおうって。そんな気持ちがあるのとないのとでは、ぜんぜん仕上がりが違うはず。

音楽も料理も俺にとって、人を想いながら作れたらさ。
そういう意味があることだから。

どちらも作っているときはライブだし、思い通りにいかないこともあるけど、俺は「人生ハプニングがあるからまた楽しみがある」って格言みたいに思っているし、だからどっちのことも好きなのかもしれない。

あとは、いろんな方が作ってくれた素材を使わせていただくっていう共通点もあるね。
音楽も、ギターがあったり、エフェクターがあったり、いろんなスタッフがいて、それがまとまることで、ひとつの時間を作ることができる。
料理も同じように、例えばねぎでも農家の方が作ってくれて感謝しているし、いろんな道具を作るたくさんの人がいて、そのおかげで料理をすることができる。

みんなが作ってくれたものを、どう仕上げようとか、どうやってグルーブしようとか、そんなことまで考えを巡らせる必要はないのかもしれないけど、あえて深く考えることで、料理をするという行為がさらに豊かになるのは、きっと間違いないから。

今回紹介したレシピたちは、もちろんたくさんの人に見てもらいたいし、これを見てみんなが実際に作ってくれたらうれしいな。
さらに、この本の内容について誰かと話したりして、この一冊をきっかけに豊かな時を過ごしてくれる人がいたら、すごい幸せです。

これがこの本でみんなに伝えたかった、今の俺流レシピ。

最後に、
この書を一緒に作ってくれたスタッフに、心から感謝。

INORAN

INORAN

PROFILE

LUNA SEAのギタリストとして1989年より活動を開始し、1992年メジャーデビュー。
1994年に発表した3rdシングル「ROSIER」がオリコン初登場3位を獲得しロングヒットを記録。以降、数々のヒットシングルを世に送り出すも、2001年にバンドは終幕。2009年の再始動後は、現在に至るまで精力的な活動を続ける。

いわゆるサイドギターにとどまらないINORAN独自のギター・スタイルは、後年のギタリストにも大きな影響を与え、代名詞ともなっているアルペジオ奏法をはじめとする唯一無二のスタイルは、多方面から評価を受けている。

1997年に1stシングル「想」を発表しスタートさせたソロ・アーティストとしての活動は、25年を超えるキャリアとなり、これまでに計15枚のオリジナル・アルバムを発表。ロックからエレクトロミュージックまで、ジャンルにとらわれない柔軟な音楽性と唯一無二のセンスから生み出されるサウンドは、LUNA SEAファンにとどまらず幅広く評価されている。

2005年にRYUICHI（LUNA SEA）、H.Hayamaとともに結成したTourbillon（トゥールビヨン）、2012年にFEEDERのベーシストTAKA HIROSEらと結成した多国籍バンド Muddy Apesと、ソロ活動以外にも多岐にわたるプロジェクトで精力的に活動を展開している。

2010年、フェンダー社とのエンドースメント契約を締結し、これまでに多くのシグネイチャーモデルを発売。

「テキーラ・マエストロ」の資格を持ち、2015年・2016年には、自身がプロデュースする限定ボトル「PATRONバレルセレクトINORANボトル」を発売。2017年には「テキーラPR大使」にも任命されている。

2024年9月29日には自身初のアパレル・ブランド「Four Hydrangea」をローンチ。
「Four Hydrangea」の他、自身の感性でセレクトした商品を扱うオンライン・セレクトショップ「the 9 closet s」をオープン。音楽活動以外にも活躍の場を広げている。

オフィシャルサイト http://inoran.org

Staff

人物撮影	倉本侑磨（Pygmy Company）
料理撮影	横田裕美子（STUDIO BANBAN）
スタイリング	高山良昭（hikaritokage）
ヘア＆メイク	大和田京子
料理・フードスタイリング	あまこようこ
デザイン	mambo西岡、岡村風香、藤冨詩那（ma-hgra）
編集・ディレクション	大松集行（Btree）
編集担当	岡元 大（主婦の友社）
アーティストマネジメント	八木純子
スペシャルサンクス	ディアジオ ジャパン

INORAN KITCHEN
（イノラン　キッチン）

2024年12月24日　第1刷発行

著者　　　INORAN（イノラン）
発行者　　大宮敏靖
発行所　　株式会社主婦の友社
　　　　　〒141-0021 東京都品川区上大崎3-1-1　目黒セントラルスクエア
　　　　　電話　03-5280-7537（内容・不良品等のお問い合わせ）
　　　　　　　　049-259-1236（販売）
印刷所　　大日本印刷株式会社

©INORAN 2024　Printed in Japan　ISBN 978-4-07-460871-3

■本のご注文は、お近くの書店または主婦の友社コールセンター（電話 0120-916-892）まで。
＊お問い合わせ受付時間　月～金（祝日を除く）10:00 ～ 16:00
＊個人のお客さまからのよくある質問のご案内 https://shufunotomo.co.jp/faq/

R〈日本複製権センター委託出版物〉
本書を無断で複写複製（電子化を含む）することは、著作権法上の例外を除き、禁じられています。本書をコピーされる場合は、事前に公益社団法人日本複製権センター（JRRC）の許諾を受けてください。また本書を代行業者等の第三者に依頼してスキャンやデジタル化することは、たとえ個人や家庭内での利用であっても一切認められておりません。
JRRC〈https://jrrc.or.jp eメール：jrrc_info@jrrc.or.jp 電話：03-6809-1281〉